STEVE & WENDY BACKLUND

ENCENDIENDO LA *Fe* EN 40 DÍAS

EL PODER DE LA ESPERANZA, DE LAS DECLARACIONES Y DE LOS AYUNOS DE NEATIVIDAD

© copyright 2012 Steve & Wendy Backlund, Igniting Hope Ministries
www.ignitedhope.com

Diseño de portada: Linda Lee www.LindaLeeCreates.com
Diseño interior y formato: Lorraine Box PropheticArt@sbcglobal.net

Muchas gracias a las siguientes personas por su contribución en la escritura de estos devocionales: Elaine Smith, Dale Kaz, Jeanie Sandahl, Michelle Alderson, Maureen Puddle, Holly Hayes, Jared Neusch, Bob Arnold, Kim McGan, Wendee Fiscus and David Weigel.

ISBN: 13 978-0-9892066-9-3

First Edition © copyright 2013 Todos los derechos reservados. Este libro está protegido por las leyes de copyright de los Estados Unidos de América. Este libro no puede ser copiado o reimpreso para beneficio comercial o lucro. Se permite y se anima al uso de citas cortas o a la copia de páginas para un estudio personal o en grupos. A menos que se indique de otra manera, las citas bíblicas están tomadas de LA BIBLIA DE LAS AMERICAS® Copyright (c) 1986, 1995, 1997, por *The Lockman Foundation*, uso permitido (www.lbla.org).

Por favor, tome en cuenta que debido al estilo de edición del autor, ciertos pronombres en las Escrituras referentes al Padre, Hijo y Espíritu Santo, están en mayúsculas y puede que se diferencien de otras ediciones.

este libro está dedicado a...

nuestros hijos
Joel, Kyle and Heidi
Gracias por el gozo que habéis traído a nuestras vidas.
Estamos tan orgullosos de vosotros.

las iglesias que hemos pastoreado en
Round Mountain, Nevada
&
Weaverville, California
Gracias por creer en nosotros y amarnos
de tantas maneras.

y dos hombres que allanaron el camino...
Bill Johnson & Kris Vallotton
¡Gracias por perseguir vuestros sueños y pagar un precio para que pudiésemos encontrarnos con Dios y Su bondad de una manera que nunca pensamos!

cómo usar este libro...

Encendiendo la Fe en 40 Días* tiene dos partes principales. La primera es una enseñanza devocional diaria que te fortalecerá a través de sus principios bíblicos de fe. La segunda es la proclamación de las declaraciones mencionadas a continuación en los pasos dos y tres: "la fe viene por el oír" (Romanos 10:17).

Aunque sólo con leer el libro hay beneficio de por sí, considera este formato radical para maximizar su contenido:

1. **Lee** una enseñanza (devocional) cada día durante 40 días.
2. **Proclama valientemente** la declaración del devocional.
3. **Proclama valientemente** una de las listas de declaraciones del Apéndice 1 *(hazlo tanto por la mañana como por la noche)*.
4. **Lee** capítulos seleccionados del libro de Marcos, Gálatas, Proverbios, Romanos, Filipenses y Hebreos durante los 40 días. Ver Apéndice 2 para el plan de lectura bíblica sugerida.
5. **Haz** un AYUNO DE NEGATIVIDAD (también llamado un BANQUETE DE POSITIVIDAD) durante los 40 días. Este libro es un recurso ideal durante este tipo de ayuno. En la página vi, hay ideas para tu ayuno de negatividad.
6. **Maximiza** tu experiencia llevando un registro de tu ayuno de 40 días con la tabla de la página viii.
7. **Por último,** y más importante, encuentra a una o más personas que se unan contigo en esta experiencia

*El mensaje de este libro no es una fórmula para el éxito, sino un ingrediente necesario que añadir a una vida de intimidad con Jesús.

ayuno de negatividad de 40 días

Lo que *NO* es un ayuno de negatividad
1. No es negar que el problema existe.
2. No es suprimir cosas que están mal.
3. No es ser crítico con los que puede que estén luchando.
4. No es ser irresponsable con cosas que deben hacerse.

Lo que *SÍ* es un ayuno de negatividad
1. Es decidirse a concentrarse más en las promesas de Dios que en los problemas.
2. Es aprender a hablar con esperanza incluso de las situaciones más difíciles.
3. Es convertirse en una persona que se concentra en las soluciones en vez de en los problemas.
4. Es abstenerse de dar lugar al pesimismo, a la crítica de los demás, a la autocrítica y a otras formas de incredulidad.
5. Es hablar de los problemas a las personas indicadas de la forma correcta.
6. Es reemplazar palabras y pensamientos negativos con palabras y pensamientos positivos basados en las promesas de Dios.

Nota: dejar de pensar y declarar incredulidad y negatividad es fundamental pero también lo es crecer en pensar y declarar lo positivo: la verdad, las promesas de Dios, alabar a Dios, animar a otros y dar las gracias. *Lo negativo tiene que ser sustituido por lo positivo para que este ayuno sea eficaz.*

"Encendiendo la Fe en 40 Días" se ha utilizado como devocional diario, individualmente o en grupos, durante un ayuno de negatividad de 40 días.

registrando el camino

Para ayudarte en tu camino de fe, hemos desarrollado esta tabla de 40 días y el plan de lectura bíblica sugerida que se encuentra en el apéndice 2.

LB Lectura Bíblica **LD** Lectura Devocional **DD** Declaración Devocional Proclamada
OD Otras Declaraciones al final del libro
AN Ayuno de negatividad/Banquete de positividad

Dia	LB	LD	DD	OD	AN/BP
1					
2					
3					
4					
5					
6					
7					
8					
9					
10					
11					
12					
13					
14					
15					
16					
17					
18					

Dia	LB	LD	DD	OD	AN/BP
19					
20					
21					
22					
23					
24					
25					
26					
27					
28					
29					
30					
31					
32					
33					
34					
35					
36					
37					
38					
39					
40					

contenido

Cómo usar este libro	v
Ayuno de negatividad de 40 días	vii
Registrando el camino	viii
Presentación	xiii

DEVOCIONAL	DÍA/s
Posesión legal vs. Posesión real	1
Un manzano mentiroso	2
Trayendo vida a lugares muertos	3
Orando en fe	4 & 5
Tratando con la incertidumbre	6
Cortados de la gracia	7
Gafas de color rosa	8
¿Quién crees que eres?	9 & 10
Convicciones innegociables	11
No digas…	12
¿Dónde estoy?	13
Poder Kratos	14
Nunca es suficiente	15
Teología de los últimos días	16
Recuerda tus beneficios	17
Fe insolente	18
Cambiar la forma de pensar o sentirse muy apenado	19
Santos o pecadores	20
Algo mayor que el carácter	21
El momento crucial	22
La fe marca la diferencia	23

DEVOCIONAL	DÍA/s	
Alejándonos por un techo espiritual	24 & 25	
Valorando el gozo	26	
¿Y qué pasa con Job?	27, 28, 29	
Juzgando la fe de los demás	30	
La fe y la medicina	31	
¿Luchando para qué?	32	
No retires tu fe	33	
¿Queda mucho?	34	
Escapándonos en Dios	35	
Volviéndonos plenamente convencidos	36	
La causa de los desastres	37	
Economía, clima & salud	38	
Atrayendo favor o rechazo	39 & 40	
Lista de declaraciones	41	Apéndice 1
Plan de lectura bíblica sugerida	44	Apéndice 2
Sobre los autores	45	
Recursos de Steve & Wendy Backlund	46	

presentación

Te invito a formar parte de un viaje de 40 días para cambiar tu manera de pensar a fin de que puedas vivir la vida abundante que Cristo prometió en Juan 10:10.

Libertad y transformación llegan a través de creer la verdad en lugar de las mentiras (Juan 8:32). La calidad de nuestras vidas y el avance del Reino de Dios depende de "renovar el espíritu de nuestras mentes" (Efesios 4:22-24; Romanos 12:2).

Wendy y yo hemos aprendido que la *verdadera fe está construida sobre la esperanza;* una esperanza confiada y optimista que cree que lo bueno está por venir en base a las promesas de Dios y a la revelación de Su bondad.

Este libro está lleno de esperanza para ti, tu familia, tu iglesia, tu ciudad y tu nación.

Prepárate para crecer, prepárate para declarar las promesas de Dios, prepárate para ser transformado. Hoy es el primer día del resto de tu vida. Te bendecimos mientras *enciendes la fe.*

Steve Backlund

POSESIÓN LEGAL VS. POSESIÓN REAL

Todo lugar... os he dado.
Josué 1:3

*J*osué capítulo uno es el capítulo destinado a los que están listos para salir de un cristianismo desértico. Josué fue llamado para liderar a la nueva generación a la tierra prometida. En el versículo dos, Dios dice: "levántate, cruza este Jordán (...) a la tierra que yo les doy". En el versículo tres, añade: "Todo lugar que pise la planta de vuestro pie os he dado"; después, en el versículo cuatro, define las fronteras de lo que les pertenecía.

Es fascinante que se les diga lo que es legalmente suyo antes de que puedan poseerlo realmente. La posesión legal no garantizaba la posesión real. Se llamaba "la Tierra Prometida" para que procedieran confiadamente a poseerla, sin que importaran los obstáculos que pudiesen encontrar.

Es igual para nosotros hoy: tenemos nuestra propia tierra prometida. No es un área geográfica sino bendición y promesas específicas. Por ejemplo, cada persona tiene posesión legal de la vida eterna, pero eso debe ser poseído realmente a través de la fe en Cristo. De la misma manera, Dios nos promete salud, favor, poder espiritual, protección, provisión abundante, sabiduría y mucho más. Pedro se refiere a las "preciosas y maravillosas promesas" que nos fueron dadas "a fin de que por ellas lleguemos a ser partícipes de la naturaleza divina" (2 Pedro 1:4). Es posible que tengamos que superar muchos retos para experimentar estas promesas pero podemos hacerlo. Vamos a perseverar y a seguir buscando poseer lo que ya es legalmente nuestro.

Declara

Soy quien la Biblia dice que soy.
Tengo lo que dice que tengo.
Puedo hacer lo que dice que puedo hacer.
Durante mi vida, yo poseo cada vez más las promesas de Dios.

2

UN MANZANO MENTIROSO
Llamando a esas cosas que no son…
Romanos 4:17

Un manzano producirá manzanas por ser lo que es. Mientras sea joven, no dará manzanas, pero aún debe decir: "Yo soy un manzano". Mientras es invierno y no hay manzanas, aún debe decir: "Yo soy un manzano". ¿Está mintiendo en esas épocas? No. Estaría mintiendo si dijese lo contrario.

A muchos cristianos les cuesta decir lo que dice Dios que son, cuando no hay fruto manifestándose en áreas particulares de su vida. ¿Será que son demasiado jóvenes en esa verdad como para tener fruto? ¿Será que están en una época donde esa dimensión de su vida cristiana está siendo podada para un crecimiento mayor de futuro? Sea cual sea la razón, cuando dicen: "yo soy ungido, próspero, sanado, liberado, justo, fuerte, etc.", no están mintiendo. Joel 3:10: "que diga el débil, fuerte soy". No ignoramos nuestras debilidades sino que nos concentramos en la gran verdad de que somos fuertes en Él.

De nuevo, ya que la Palabra dice que LO somos, estaríamos siendo falsos si dijésemos lo contrario. No vamos a mentir en contra de la verdad; SOMOS lo que la Biblia dice que somos.

Declara

Soy quien la palabra dice que soy. Tengo una mente sana.
Tengo gran favor con Dios y con el hombre. La gente me ama.
Soy una persona feliz. Amo la vida y disfruto cada día.
Camino en sanidad divina. Tengo provisión abundante.
Soy bendecido y protegido.
Cada vez conozco más qué y quién soy en Cristo.
Yo marco una gran diferencia para Cristo adonde quiera que voy.

TRAYENDO VIDA A LUGARES MUERTOS

Diga el débil: "fuerte soy".
Joel 3:10

*D*ios nos ha llamado a traer vida a cosas muertas. En Ezequiel 37, se le preguntó al profeta si los huesos secos podrían vivir. En el diálogo y en los acontecimientos que prosiguieron, Dios les enseñó a Ezequiel y a Su pueblo un principio que es poderoso y vital para nosotros hoy.

La manera en la que Dios trae vida a esos huesos tan secos fue a través de Ezequiel profetizando "vida" a toda la situación. Ezequiel tuvo que hablar a los huesos, tuvo que profetizar al viento y conforme lo hacía, las cosas cambiaron y vino la vida.

Tú y yo también debemos hablar continuamente a circunstancias y a áreas muertas de nuestras vidas. Una de las maneras principales de Dios para traer cambio a una situación es que uno de Sus hijos hable sus promesas sobre personas y circunstancias. "Dios, que da vida a los muertos y llama a las cosas que no son, como si fueran" (Romanos 4:17).

Esto empieza con cada uno decidiendo profetizar vida sobre nosotros mismos. Joel nos da un buen sitio donde comenzar en Joel 3:10: "Diga el débil, fuerte soy". Comienza hoy un hábito de por vida de llamar "a las cosas que no son, como si fueran".

Declara

Aunque a veces me siento débil, en realidad, soy fuerte.
Soy muy fuerte para llevar a cabo los propósitos de Dios en mi vida
y ser una fuerza para otros.
Yo profetizo diariamente sobre mis circunstancias, mi futuro
y sobre las áreas secas de mi vida.

Si no entiendes algo de lo que está escrito, ponlo a un lado y continúa con tu viaje. La mayoría de las cosas se aclararán a lo largo de los 40 días.

4

(PARTE I)
ORANDO EN FE

Maeia ha escogido la buena parte.
Lucas 10:42

A menudo la gente pone mucho esfuerzo y tiempo en orar por circunstancias esperando que ese tiempo y esa cantidad de oración traigan el resultado deseado. La esperanza es que quizás se incrementará la fe a través de este esfuerzo y así la oración será contestada.

Esta manera de pensar implica que la fe es construida por la cantidad de tiempo y energía empleados. Tenemos que comprender que la fe no viene a través de nuestros esfuerzos, la fe es el resultado de lo que sabemos. Nuestra "medida de fe" (Romanos 12:3) incrementará en proporción a la revelación que tengamos del carácter de Dios, de Su amor y de Sus promesas con nosotros.

A menudo no nos damos cuenta del valor de pasar tiempo con Dios cuando no estamos orando por nuestras necesidades. La razón por la cual alabamos, esperamos en quietud en Su presencia y buscamos en las escrituras es, fundamentalmente, para construir una relación y aprender acerca del carácter, poder y amor de Dios. Nuestra intimidad y nuestra relación con Él tendrán una correlación directa con nuestro nivel de fe; no porque eso nos dé más autoridad sino porque le da a nuestra fe bases en las que plantarse.

Declara

Mi confianza y fe en Dios crecen en proporción a cuanto conozco de su carácter, bondad e integridad.
Por lo tanto, paso mucho tiempo en su presencia desarrollando intimidad con Él.
Nunca te quedes satisfecho con una mera teología de la presencia de Dios en tu vida personal o en la iglesia.
¡Persigue la presencia manifiesta de Dios!

(PARTE II)
ORANDO EN FE
La oración... logra mucho.
Santiago 5:16

5

Conforme batallamos contra fuerzas espirituales, es importante distinguir entre la carga del Señor y el peso de la incredulidad.

Debemos hacer inventario de nuestros sentimientos mientras oramos. ¿Están presente un espíritu de temor, ansiedad o desesperanza? ¿Sentimos "la presión" de la causa por la que estamos orando? ¿Estamos rogando constantemente por la ayuda de Dios? Si es así, la pesadez que estamos sintiendo probablemente no viene de la circunstancia a la que nos estamos enfrentando, sino de nuestras creencias acerca de Dios y de la vida.

Estos sentimientos no se van a marchar al orar durante más tiempo, ayunar u orar con más fuerza, y tampoco podemos fingir que no están ahí, tenemos que confrontarlos y reprender a los espíritus de incredulidad, temor y desesperanza. Podemos empezar a hacerlo al arrepentirnos de creencias erróneas que obstaculizan la confianza en el poder de nuestras oraciones. Luego tenemos que volver la vista a la fidelidad de Dios y alabar a Cristo hasta que tengamos una revelación de su bondad y de su amor por nosotros. La batalla tiene lugar primero en nosotros y luego en nuestras circunstancias.

Declara

El temor y la duda son mis enemigos principales.
No soy víctima de estos sentimientos.
Yo reemplazo las mentiras con las promesas de Dios
Yo confío en la bondad de Dios.

"El espíritu de pesadez" en la oración personal o de grupo es el resultado de ver un problema más grande que Dios. ¡Sacude las promesas de Dios antes de orar!

6 TRATANDO CON LA INCERTIDUMBRE

Por nada estéis afanosos.
Filipenses 4:6

Las grandes promesas de Dios nos capacitan para "ser partícipes de la naturaleza divina, habiendo escapado de la corrupción que hay en el mundo por causa de la concupiscencia" (2 Pedro 1:4) ¡Vaya declaración sobre el poder de las promesas!

Puedes introducir las siguientes cinco promesas en tu espíritu para así "bombardear" a la incertidumbre sobre el futuro:

Puedo – Filipenses 4:13 dice: "Todo lo puedo en Cristo que me fortalece". Puedo hacer lo que se espere de mí.

Hay una camino - I Corintios 10:13 nos revela que hay un camino para cada persona (ya sea para salir de un tiempo difícil o para entrar en los propósitos de Dios).

He orado - Santiago 5:16-17 nos dice que nuestras oraciones son poderosas y eficaces. Las cosas serán diferentes porque oramos.

Dios terminará lo que ha empezado – Filipenses 1:6 nos dice que confiemos en el poder de Dios para terminarlo todo.

Todo saldrá bien - Romanos 8:28 dice que todas las cosas obrarán para bien en mi vida conforme me concentro en dos: amar primero a Jesucristo y el llamado de Dios para mí.

Declara

Las más que sublimes y preciosas promesas de Dios me ayudan a pelear en mi mente contra las mentiras sobre el futuro.
Por lo tanto, en el nombre de Jesús no puedo ser derrotado.
Soy más que vencedor.

CORTADOS DE LA GRACIA

… milagros… ¿por el oír con fe?
Gálatas 3:5

Aquel, pues, que os suministra el Espíritu y hace milagros entre vosotros, ¿lo hace por las obras de la ley o por el oír con fe? (Gálatas 3:5). Esta es probablemente la segunda pregunta más importante de la Biblia (sólo "¿Quién decís que soy yo (Jesús)?", en Mateo 16:15, sería más importante). El apóstol Pablo plantea esta penetrante pregunta en su libro a los Gálatas, que debe ser leído y estudiado por todos los santos que en crecimiento. Él estaba reprendiendo a los gálatas por haberse vuelto a una religión basada en actuaciones en vez de mantener una relación basada en la fe. Es un libro fuerte con palabras duras, como: "…vosotros que procuráis ser justificados por la ley; de la gracia habéis caído" (Gálatas 5:4).

La gracia es el poder para hacer la voluntad de Dios. La mayoría de las personas probablemente piensa que persistir en pecado les lleva a cortar el fluir de la gracia pero, en realidad, somos cortados del poder de Dios cuando pensamos que Dios está más preocupado por nuestro comportamiento que por lo que creemos.

Esta es una verdad que nos mantendrá en la gracia: lo que creemos sobre algo es más importante que lo que hacemos al respecto. Las buenas obras son importantes, pero son fundamentalmente el resultado de un sistema de creencias correcto en nuestra vida.

Declara

Yo rechazo un cristianismo basado en obras.
Yo declaro que tengo fe para recibir todas las bendiciones de Dios
y poder para cambiar mi vida y el mundo.
Yo recibo por fe, ahora mismo, una nueva medida de gracia

8 GAFAS DE COLOR ROSA

… por medio… de las Escrituras… tengamos esperanza.
Romanos 15:4

A veces se acusa a la gente optimista de ver la vida a través de unas gafas de color rosa. Supuestamente, su visión está afectada por una perspectiva poco realista que les ciega para ver lo negativo de la vida y acentúa sólo lo positivo. .

Todos los cristianos tienen preconceptos que influencian cómo interpretan la Biblia y, por lo tanto, cómo ven la vida. Estas inclinaciones subconscientes están, a menudo, influenciadas por las "tradiciones de los hombres" que ponen límites a una esperanza positiva en el futuro (ver Marcos 7:13).

Romanos 15:4 nos dice que la esperanza proviene del "aprendizaje" correcto de la Biblia. Luego, en el versículo 13 nos dice que el gozo, la paz y la esperanza vienen del creer. En nuestra vida, la esperanza debe aumentar de manera proporcional a la cantidad de Biblia que consumimos.

Desafortunadamente, las enseñanzas de muchas iglesias ponen límites a la esperanza. Por ejemplo, muchas enseñanzas sobre el final de los tiempos disminuyen las expectativas positivas sobre la vida, las familias, ciudades y las naciones del mundo. Como resultado, muchos no viven con esperanza y fe a causa de una predisposición a creer que el mundo está empeorando (y no mejorando). Esta desesperanza indica que necesitamos una modificación de nuestra interpretación de las escrituras. La esperanza crece de verdad con cada encuentro con la palabra de Dios y con el Dios de la esperanza.

Declara

Yo veo la Biblia y la vida a través de gafas de "color sangre",
al ver a través de la obra terminada en la cruz.
Por lo tanto abundo en esperanza para mi vida y para todos los que están conectados conmigo.
Las promesas de Dios son verdad.
Mis oraciones son poderosas y efectivas.
Mi esperanza ayuda a desatar el Reino de Dios entre nosotros.

(PARTE I)
¿QUIÉN CREES QUE ERES?

... tu nombre será Abraham.
Génesis 17:5

Abram recibió la promesa de que sus descendientes serían tan numerosos como las estrellas del cielo y la arena del mar. El problema era que él era muy mayor y su esposa había pasado la edad fértil y había sido estéril toda su vida. La palabra profética sobre su incontable descendencia fue de risa para una mente cerrada.

Pasadas más de dos décadas sin ver la manifestación de la promesa, parecía más que imposible. Aunque la fe de Abram crecía, todavía no había un bebé para él y para Sara.

Finalmente, a la edad de cien años, tuvieron a su hijo prometido, Isaac (que significa risa). ¿Qué marcó la diferencia? La clave del cambio fue esta: el nombre de Abram fue cambiado a Abraham (que significa "padre de multitudes"). Conforme Abraham se llamó a sí mismo por la promesa de Dios, "fue fortalecido en fe" y vio la promesa cumplirse. (Lee Romanos 4 para entender este proceso).

Así que, ¿quién crees que eres? ¿Tu identidad está formada por tu pasado o por las promesas de Dios? Tu respuesta determinará grandemente si las promesas de Dios sobre tu vida, que pueden parecer de risa, se cumplirán.

Declara

Yo soy quien Dios dice que soy.
Yo puedo hacer lo que Él dice que puedo hacer.
Yo veré el cumplimiento de Sus promesas en mí
conforme las declaro sobre mi vida.

No lo tendremos porque lo declaremos, pero declararlo es gran parte de tenerlo.

10

(PARTE II)
¿QUIÉN CREES QUE ERES?
Llamando a las cosas que no son, como si fueran.
Romanos 4:17

Esta es una buena pregunta en la vida: ¿Nuestra experiencia crea nuestra identidad o nuestra identidad crea nuestra experiencia? La respuesta es... ¡tatatachán!: nuestra identidad crea nuestra experiencia. Recuerda que tanto los que piensan que pueden hacerlo como los que piensan que no, tienen razón (considera los espías en Números 13 y 14). Lo que creemos sobre nosotros mismos nos atará o nos lanzará.

Cuando se trata de quién pensamos que somos, Dios nos está llamando a creer Su Palabra en vez de las experiencias negativas. Él dice: "Así también vosotros, consideraos muertos para el pecado, pero vivos para Dios (…)" (Romanos 6:11), y "que diga el débil: Fuerte soy" (Joel 3:10). Abraham "no consideró su propio cuerpo como muerto (...)" (Romanos 4:19).

Satanás, en cambio, quiere que nos concentremos en nuestros fracasos y carencias. Una batalla ruge en nuestras almas referente a qué creer sobre nosotros mismos. ¿Nos "consideramos a nosotros mismos" conforme a nuestras experiencias negativas o a las promesas de Dios?

Proverbios 23:7 declara que como un hombre "piensa dentro de sí, así es". Vamos a concentrarnos en los pensamientos de Dios sobre nosotros, y nada más.

Declara

Yo soy una nueva criatura en Cristo.
Las cosas viejas han pasado.
Todas las cosas son hechas nuevas.
Yo soy fuerte en Cristo.
Yo soy quien la Biblia dice que soy.

CONVICCIONES INNEGOCIABLES

Daniel... como lo solía hacer... continuó arrodillándose tres veces al día, orando.
Daniel 6:10

Daniel era un hombre de convicciones. Incluso la amenaza del pozo de los leones no lo sacó de sus hábitos espirituales; construyó su vida sobre prioridades que producían vida. El profeta Malaquías en cambio, reprendió al pueblo por dar las sobras al Señor (ver Malaquías capítulo uno). A diferencia de Daniel, empezaron a ver a Dios como una carga en vez de un deleite.

Dos cosas provocan que las convicciones ardan en nuestros corazones hasta convertirse en innegociables: amar la presencia de Dios y una fuerte visión de futuro. Sin esto, sólo le daremos a Dios nuestras sobras.

Estas son áreas en las que puedes desarrollar tus convicciones: tiempo con Dios y Su palabra, comunión y alabanza, servicio en el ministerio, ofrendar, declarar las promesas de Dios, priorizar a nuestra familia, tener relaciones fuertes en las que poder rendir cuentas y situarnos en lugares donde el poder de Dios pueda tocar nuestra vida y la vida de los demás.

Al igual que Daniel, ¿tienes convicciones espirituales innegociables? o ¿estás luchando con la batalla de las sobras al igual que la gente en el día de Malaquías? Hoy es el primer día del resto de tu vida. Cree que Dios te dará poder para construir tu horario alrededor de Sus prioridades como nunca antes. No te arrepentirás.

Declara

Yo le doy a Dios la primera porción de mi vida y Él cuida de todas mis necesidades.

Yo soy una persona de convicciones.

Yo tengo dominio sobre mi vida y mi tiempo.

Yo ardo con una visión personal que me lleva a sacrificarme por Dios y por Su presencia.

12 NO DIGAS...

No digas: "Soy joven".
Jeremías 1:7

¿Alguna vez te han dicho "no digas eso"? Lo más probable es que sí, todos hemos sido culpables de decir algo que no deberíamos haber dicho. Bueno, pues Jeremías experimentó que "alguien" le corrigiese por lo que había dicho. Ese "alguien" resultó ser Dios, que desafió la declaración de Jeremías al restringirse cuando dijo "Soy joven".

Dios ya le había dicho: "Antes que yo te formara en el seno materno (...) te puse por profeta a las naciones". Sin embargo, Jeremías se enfocó en sus aparentes limitaciones en vez de en la palabra del Señor. Pronunció una declaración: "yo no puedo hacer eso" que muchos en la iglesia hoy en día hubiesen aplaudido como verdadera humildad. Dios, sin embargo, le dijo: "No digas eso".

Recuerda que tanto los que dicen que "sí pueden" como los que dicen que "no", tienen razón. Ahora es tiempo de que miremos una vez más lo que decimos, especialmente cuando declaramos lo que pensamos que no podemos hacer. Nuestras palabras son un timón o bien para dirigir nuestras vidas hacia la voluntad profética de Dios (Santiago 3:5) o bien para maldecir nuestra vida cercando nuestro potencial.

Debemos creer antes de ver (y no al revés). Una de las muchas verdades que debemos creer es Filipenses 4:13: "Todo lo puedo en Cristo que me fortalece..."

Declara

Yo renuncio a cada maldición que he declarado
sobre mi vida al pensar en lo que no podía hacer.
No limitaré a Dios, sino que lo desataré al unirme a la declaración positiva
del Apóstol Pablo, diciendo "¡YO PUEDO!"

¿DÓNDE ESTOY?

Porque de la abundancia del corazón habla la boca.
Mateo 12:33

13

Si quieres saber donde estás y adónde te diriges en la vida espiritual, escucha tus propias palabras. Cristo dijo: "¿Cómo podéis hablar cosas buenas siendo malos? Porque de la abundancia del corazón habla la boca. El hombre bueno de su buen tesoro saca cosas buenas; y el hombre malo de su mal tesoro saca cosas malas" (Mateo 12:34-35). Luego añade: Y yo os digo que de toda palabra "vana" que hablen los hombres, darán cuenta de ella en el día del juicio (versículo 36).

La palabra "tesoro" en el versículo 35 podría ser traducida como "depósito", por tanto, cualquier cosa depositada en nuestras vidas saldrá en forma de palabras. Las palabras son fuerzas poderosas que no sólo revelan nuestra condición espiritual, sino que también impactan la dinámica de nuestro futuro y el de los demás.

¿Dónde estamos? Nuestras palabras nos lo indican, especialmente las habladas cuando estamos bajo presión. ¿A dónde vamos? Como el timón de un barco, nuestras palabras dirigirán nuestro destino (Santiago 3:4, 5). Por lo tanto, ¿qué tenemos que hacer?

Crea depósitos buenos al pensar y declarar radicalmente las verdades de Dios. ¿Cómo sabemos si estamos listos para un siguiente nivel en Dios? Es cuando nuestras palabras hablan permanentemente fe, esperanza y amor en el nivel en el que estamos ahora.

Declara

Mi boca es un instrumento poderoso para el reino de Dios.

Si cambiamos radicalmente nuestras palabras sobre Dios y sobre nosotros mismos, encontraremos un atajo a través de los desiertos de la vida.

ENCENDIENO LA *Fe* EN 40 DÍAS

14 PODER KRATOS
Así crecía poderosamente y prevalecía la palabra del Señor.
Hechos 19:20

En el Nuevo Testamento, existen principalmente tres palabras en griego para la palabra "poder". La primera es *dunamis*, un poder explosivo, "dinamita" (Hechos 1:8 "pero recibiréis poder cuando el Espíritu Santo venga sobre vosotros"). La segunda palabra es *exousia*, un poder basado en la autoridad (Juan 1:12 "Pero a todos los que le recibieron, les dio el derecho de llegar a ser hijos de Dios"). Dunamis es como la pistola del policía, mientras que *exousia* es la placa. El tercer poder es la palabra *kratos*, un poder que transforma sociedades (Hechos 19:20 "Así crecía poderosamente y prevalecía la palabra del Señor"). *Dunamis* y *exousia* se manifiestan principalmente en ministerio personal, reuniones y oración intercesora, mientras que *Kratos* es una actitud interior de fe que sostiene a la familia, iglesia, región o nación en una bendición en aumento (la palabra "crecía").

Elías caminó en poder *kratos* cuando su oración causó una sequía de tres años. Esto pasó porque practicó una verdad poderosa de oración: lo que es creído después de orar es igual de importante que lo que es creído durante la oración. La fe *kratos* de Elías continuó después de la reunión de oración. Romanos 16:20 dice: "Y el Dios de paz aplastará pronto a Satanás debajo de vuestros pies". Conforme mezclamos la palabra de Dios con la fe, experimentaremos una paz interior creciente. Esta paz creciente nos hace saber que la manifestación de la "destrucción" de Satanás se está acercando. Filipenses 4:6, 7 también habla de esto, se nos ordena no preocuparnos por nada, sino orar por todo con GRATITUD. Es este agradecimiento continuo lo que nos ayuda a producir poder *kratos*: la actitud interior de fe que nos mantiene en una bendición que crece. Cuando regamos las oraciones de ayer con la gratitud de hoy, elevamos un tipo de oración como la de Elías que vale mucho.

Declara

Yo agradezco radicalmente a Dios por las oraciones hechas ayer. Por lo tanto, estoy creciendo en paz y poder kratos que me ayudan a mantener mi vida y la de otros en la bendición en aumento de Dios.

NUNCA ES SUFICIENTE

...obras... o por el oír con fe.
Gálatas 3:2, 5

15

El diablo quiere que creamos que no estamos haciendo suficiente para ver un avivamiento: "Si haces un poco más, entonces pasará de verdad". Quiere hacernos creer que nos estamos quedando cortos constantemente. Nos tienta con concentrarnos más en hacer que en creer.

"No hay suficiente unidad para el avivamiento".

"La gente no está orando lo suficiente".

"Deberías haber ayunado un día más".

"No ha pasado suficiente tiempo sin pecar en esa área".

Debemos resistir la tentación de pensar que estos frutos del avivamiento son la causa del avivamiento. Si no lo hacemos, creeremos que no estamos listos o que no merecemos un derramamiento continuo del Espíritu. Esta creencia negativa es principalmente lo que puede bloquearnos para que experimentemos nuestro avivamiento.

De nuevo, muchos dicen: "La victoria y el avivamiento están a la vuelta de la esquina; estamos cerca, pero...". Alguien debe contradecirlo diciendo: "¡No! El avivamiento empezó el día de Pentecostés en Hechos 2. No se trata de trabajar más para conseguirlo; se trata de creer que Cristo ya ha hecho todo lo que nosotros jamás podríamos hacer. ¡Él ha hecho suficiente! Por fe, ¡vamos a desatar la manifestación del avivamiento ahora!"

Declara

Yo estoy caminando en avivamiento personal
Ya está aquí y he escogido creerlo.
He recibido este derramamiento de Dios por fe, no por obras.
Conforme creo, soy impulsado a orar, vivir en unidad, vivir en obediencia y vivir sacrificándome para que el reino avance.

16 TEOLOGÍA DE LOS ÚLTIMOS DÍAS

El evangelio del reino...
Mateo 24:14

¿Qué crees sobre los últimos días? ¿Habrá avivamiento o el mundo "se irá al infierno" antes de que Cristo vuelva? ¿La iglesia entrará al cielo cojeando o se habrá "preparado" para ser la novia "sin mancha ni arruga"? Nuestra respuesta es decisiva.

Mateo 24:14 dice que el "evangelio del reino se predicará en todo el mundo" antes del fin. Según las escrituras, el evangelio del reino se demuestra con poder con señales y milagros que lo siguen. Eso no suena como una iglesia débil en sus últimas horas.

Un obstáculo para tener una mentalidad victoriosa sobre los últimos días es que parece que muchos teólogos ponen en este milenio la mayoría de las promesas del fin. Los libros sobre los últimos días reafirman esta mentalidad, causando que nuestra responsabilidad y expectativa para el avance del reino disminuya.

Considera esta pregunta: si se da una profecía de juicio contra un determinado lugar, ¿los cristianos deberían ir o huir de ahí? Las promesas y mandamientos bíblicos dirían: "Ve y sé la sal. Guarda ese lugar". Tu presencia retendrá la devastación, salvará a la gente y marcará la diferencia". ¿Por qué no pensamos así más a menudo? ¿Puede ser que creamos erróneamente sobre los últimos días?

Declara

La iglesia es triunfante
La iglesia del final de los tiempos será una "iglesia de avivamiento"
llena de poder y semejante a Cristo.

ENCENDIENO LA *Fe* EN 40 DÍAS

RECUERDA TUS BENEFICIOS

No olvides ninguno de sus beneficios.
Salmo 103:2

*I*magínate a un empleado con un contrato con muchos beneficios. ¿Qué pensarías si pagara por su propio seguro médico teniendo uno incluido en el contrato? Sería o ignorante o necio. Lamentablemente, nosotros como pueblo de Dios, a menudo hacemos lo mismo al desconocer los beneficios increíbles de ser hijos de Dios.

El salmista dijo: "Bendice, alma mía, al Señor, y no olvides ninguno de sus beneficios. Él es el que perdona todas tus iniquidades, el que sana todas tus enfermedades" (Salmo 103:2,3). Se nos ha ordenado que recordemos concienzudamente lo que está en nuestro contrato de salvación. La importancia es obvia: si no lo recordamos, creeremos que tenemos que pagar por todo lo que ya se nos ha dado.

No podemos olvidar lo que nunca hemos sabido. Algunos cristianos no son conscientes de que tienen sanidad y otros beneficios como parte de su contrato de salvación. La palabra Griega para sozo es traducida como "salvar" en el Nuevo Testamento, pero también significa "sanar", "liberar" y "ser completado." Es un alivio saber que cada vez hay más entendimiento de que la sanidad y la transformación que trae el perdón son beneficios para el cristiano hoy y no sólo bendiciones ocasionales.

"No olvidar" pasa más de una sola vez. Es una afirmación diaria del total de beneficios de Dios para la humanidad. Vamos a decirle a nuestra alma que bendiga verdaderamente a Dios y que recuerde de forma radical lo bueno que es Él.

Declara

Dios está revelándome continuamente mis beneficios como cristiano.
Yo los afirmo en mi alma y, por lo tanto,
los experimento cada vez más y más en mi vida.

18
FE INSOLENTE
Abraham... se fortaleció en fe.
Romanos 4:20

La fe insolente está basada más en sentimientos que en las promesas de Dios. Comúnmente hay dos áreas donde aparece esta fe. La primera es cuando tomamos decisiones por fe basadas en la revelación de otra persona (por ejemplo: rechazar tratamiento médico "por fe" por el testimonio de otra persona). La segunda puede ocurrir cuando estamos creyendo por una bendición personal muy específica (por ejemplo: recibir un ascenso en el trabajo, casarte con fulanito, que Dios provea o nos haga justicia de cierta forma, etc.).

La fe insolente puede ser evitada al recordar estos tres puntos importantes:

Construye esperanza antes de "exigir" algo específico por fe – La fe es la expectativa confiada de que algo bueno viene, es una actitud optimista acerca del futuro. Una fortaleza positiva de esperanza disminuye la posibilidad de que pensemos que Dios sólo puede satisfacer nuestras necesidades de una única forma.

Fortalece tu fe al creer por cosas pequeñas – la gente insolente quiere expresar una fe de un millón de dólares cuando ni siquiera han usado su fe al nivel de cien.

Camina con otros en cuanto a la fe – aléjate de cínicos y escépticos, y encuentra a gente que te pueda ayudar a discernir entre insolencia y fe real. Asimismo, confía en que Dios use a mentores espirituales para que disciernas Su voz y Su voluntad.

Declara

Yo soy fortalecido en la fe diariamente.
Mi sistema de creencias está construido en un cimiento sólido de esperanza.
Yo estoy protegido de fe insolente por gente poderosa en mi vida, esperanza y sabiduría

CAMBIAR LA FORMA DE PENSAR O SENTIRSE MUY APENADO

Arrepiéntanse, porque el reino de los cielos está cerca. Mateo 4:17

Una buena definición de arrepentimiento es *cambiar la forma de* pensar. No obstante, en latín, el prefijo *re-*significa "intenso" y "pentirse" (*poenitēre*), se asocia a "pena", o sea, arrepentimiento sería "sentirse muy apenado".

Sin embargo, el arrepentimiento es mucho más que sentirse triste por las cosas malas que hemos hecho, es más que buscar perdón y proponerse no pecar otra vez. Es importante cambiar la forma de pensar, no sólo sentirse "muy apenado". Implica cambiar la forma de pensar (la mentalidad) del rumbo actual hacia un rumbo más alto.

Podemos llorar y llorar y no arrepentirnos. El verdadero arrepentimiento es una decisión de traer "todo pensamiento en cautiverio a la obediencia de Cristo" (2 Corintios 10:5). No es sólo un mecanismo de defensa, sino un plan ofensivo que mueve el reino de Dios de "estar a mano" a convertirse en parte de nuestra realidad.

El reino de los cielos es la vida abundante de salvación, paz, poder, evangelismo, integridad, pureza, milagros, familias sólidas, salud, prosperidad, bendición y mucho más. Se nos ha ordenado orar: "Venga tu reino. Hágase tu voluntad, así en la tierra como en el cielo" (Mateo 6:10). Esta es la forma de pensar más alta para Su pueblo, nuestro arrepentimiento crea la expectativa de que esto se manifestará y esta fe lo atrae todo a nuestra realidad y a la realidad de los demás. ¡Gloria a Dios! Hoy mismo vamos a llevar nuestro arrepentimiento a otro nivel.

Declara

Yo capturo mis pensamientos y los llevo al lugar más alto de Dios.

Yo CAMBIO MI MENTALIDAD sobre mi Tierra Prometida y no sólo ME ARREPIENTO de mi comportamiento negativo anterior.

Yo me arrepiento diariamente al proclamar con gozo las promesas de Dios sobre mi vida.

20 SANTOS O PECADORES

Pablo... a los santos en Efeso.
Efesios 1:1

Como cristianos, ¿somos santos o pecadores? La respuesta es crucial. Un diagnóstico equivocado para nosotros o para otros cristianos tendrá consecuencias terribles.

La Biblia dice que somos santos, nuestra conversión cambió nuestra identidad. Algunos dirán que son sólo palabras pero no es así: cómo nos designemos a nosotros mismos será vital para caminar en la plenitud de Dios.

Una razón principal por la cual los cristianos continúan pecando es porque creen que su naturaleza es pecar. En vez de esto, debemos creer que estamos muertos al pecado y vivos para Dios quien hará que tomemos buenas decisiones (Romanos 6:11-13). Conforme lo hagamos, veremos crecer la obediencia en nuestras vidas. Nuestras experiencias siempre alcanzarán el mismo nivel de lo que creemos verdaderamente.

Los líderes cristianos también necesitan ver santas a sus ovejas. Si creemos que estamos liderando a pecadores, entonces, control y temor dominarán nuestro liderazgo. Si la gente es vista como santa, entonces, reinarán las expectativas positivas y el crecimiento en poder (lo cual saca lo mejor de los lideramos).

Como siempre, la verdadera prueba viene cuando hay un fracaso: ¿permitimos que el fracaso endurezca las ataduras negativas de la *pecaminosidad*? O lo retamos diciendo: "puede que haya pecado, pero esa no es mi verdadera identidad".

Declara

Yo soy santo.
Soy propenso a hacer las cosas bien.
También veo a otros cristianos como santos.
Veré como la obediencia aumenta en mi vida y en las vidas de aquellos a quienes influencio.

ALGO MAYOR QUE EL CARÁCTER 21
La esperanza no desilusiona.
Romanos 5:5

Romanos 5:3-4 nos ofrece un mapa tremendo para la victoria. "Y no sólo esto, sino que también nos gloriamos en las tribulaciones, sabiendo que la tribulación produce paciencia; y la paciencia, carácter probado; y el carácter probado, esperanza". El carácter parece la meta final para cualquier cristiano, pero hay algo más allá que se debe poseer, y es la esperanza.

La esperanza es la expectativa confiada de que viene algo bueno. Es una actitud optimista sobre el futuro basada en la bondad y en las promesas de Dios. La esperanza se une con la fe y con el amor como los "tres grandes" del cristianismo (1 Corintios 13:13). Romanos 15:13 dice: "Y el Dios de la esperanza os llene de todo gozo y paz en el creer, para que abundéis en esperanza por el poder del Espíritu Santo". Nuestra meta es poseer una esperanza sobreabundante.

La esperanza bíblica es un optimismo radical para nosotros, para otros, para nuestra familia, para la iglesia, para nuestra comunidad y mucho más. Esta esperanza desata las promesas de Dios de una forma que el carácter nunca podría (ya que la vida del reino no se manifiesta a raíz de buenas obras sino por nuestra fe). Un carácter íntegro no puede pasar por alto pero hay algo más que se necesita realmente (esperanza) para impactar al mundo de forma potencia.

Declara

Mi futuro es igual de brillante que las promesas de Dios.
Por lo tanto, soy una persona que abunda en esperanza.
Tengo la expectativa de que la bondad de Dios incrementa diariamente en mi vida y a mí alrededor.

22 EL MOMENTO CRUCIAL
Poniendo todo pensamiento en cautiverio.
2 Corintios 10:5

¿Cuáles son los momentos más importantes de la vida de un cristiano que está creciendo? ¿Es un encuentro poderoso con Dios? ¿Es una dedicación genuina con los propósitos de Dios? ¿Es cuando está escuchando lo que el Espíritu le está diciendo a la iglesia?

Aunque esos momentos son importantes, yo propongo otro "momento con Dios" que tendrá un mayor efecto sobre nuestro destino. ¿Cuál es? Es cuando fracasamos o tenemos experiencias que no se alinean con las promesas de Dios.

En ese punto, tenemos que elegir: ¿conservamos nuestra identidad (y la identidad de Dios) en Sus promesas o usamos las experiencias para darle poder a una identidad negativa sobre nosotros y sobre Dios? Debemos recordar que las ataduras negativas son creadas y endurecidas cuando ponemos nuestra experiencia por encima de la palabra de Dios.

Cuando ocurren fracasos, debemos pensar así: "quizás he pecado, pero no soy un pecador; quizás haya caído, pero tengo un pacto de protección; quizás esté en escasez, pero soy una persona próspera; quizás no se haya manifestado la sanidad, pero soy sanado y traigo sanidad a otros". No niego mis experiencias, simplemente no formo mi identidad en ellas. Puede que necesite ayuda para superar el fracaso, pero me resisto a la tentación de sacar conclusiones negativas de él.

Aquellos que pasivamente dependen de su experiencia para identificar quiénes son (y quién es Dios), pondrán grandes límites a Dios en sus vidas; sin embargo, los que se apoderan de estos momentos cruciales al llevar cautivos sus pensamientos, romperán las poderosas ataduras que les limitan para entrar en su tierra prometida.

Declara

Me regocijo en tiempos de aparente fracaso.
Estos son mis momentos cruciales en la vida.
Soy quien la Biblia dice que soy.

LA FE MARCA LA DIFERENCIA
Tu fe te ha sanado.
Marcos 5:34

El libro de Marcos revela el poder de la fe en la vida de una persona. Aquí hay unos buenos ejemplos:

"Viendo Jesús **la fe de ellos**, dijo al paralítico: Hijo, tus pecados te son perdonados", Marcos 2:5.

"Hija, **tu fe** te ha sanado", Marcos 5:34.

"Todas las cosas son posibles para **el que cree**", Marcos 9:23.

"Y Jesús le dijo: Vete, **tu fe** te ha sanado", Marcos 10:52.

"Tened fe en Dios... cualquiera que diga a este monte: "Quítate y arrójate al mar" y no dude en su corazón, sino **crea** que lo que dice va a suceder, le será concedido.... todas las cosas por las que oréis y pidáis... os serán concedidas", Marcos 11:22-24.

La salvación completa de Dios es desatada por fe. También está restringida por la incredulidad (ver Marcos 6 cuando Jesús fue limitado en Nazaret por falta de fe. También ver Marcos 4:40; 9:19).

Un punto de inflexión crucial en la vida del cristiano es este: creer que nuestra fe marca la diferencia en lo que nosotros y nuestros descendientes experimentan en salud, prosperidad, claridad mental, eficacia en el ministerio, longevidad, bendición y protección; y creer que nuestra incredulidad restringirá el fluir de estos beneficios del Reino. Ciertamente se deben entender estos pensamientos en cooperación con otras verdades importantes, pero debemos creer que nuestra fe (y nuestra incredulidad) marcan la diferencia, si no viviremos muy por debajo de la mayor voluntad que Dios tiene para nuestras vidas.

Declara

Al igual que Abraham, soy fortalecido diariamente en mi fe. A causa de mi fe, el avance del Reino y sus beneficios se desatan cada vez más en mi vida. Yo estoy marcando la diferencia para todos los que están en mi vida, tanto ahora como después de que parta de esta tierra.

24
(PARTE I)
ALEJÁNDONOS POR UN TECHO ESPIRITUAL

Este libro de la ley... de día y de noche meditarás en él. Josué 1:8

¿Puedes imaginarte a alguien que se aleje por el techo de un edificio de dos plantas, se caiga, se rompa la pierna y luego culpe a Dios? Sería ridículo. Pues eso es en esencia lo que algunos hacen al ignorar las leyes del espíritu.

Según el diccionario *Encarta World English Dictionary*, una ley es "un hecho o fenómeno científico invariable bajo cualquier condición". La ley de la gravedad es un ejemplo, hay que entenderla y permitirle controlar las decisiones que tomamos cada día o si no, ¡las consecuencias podrían ser serias!

También es de necios no vivir bajo las leyes espirituales, las cuales son igual de reales y hay que asirlas y aplicarlas. Las escrituras hablan de estas leyes, o principios espirituales, que finalmente controlan la dimensión natural en que vivimos. Es importante entender que hay verdades que deben ser valoradas para vivir una vida próspera y segura (ya sea la ley del honor, de la honestidad, de la pureza sexual, del acuerdo, de la siembra y la cosecha, del diezmo, de la fe o de proclamar vida). Somos ignorantes si pensamos que nuestras decisiones, pensamientos y palabras no tienen consecuencias.

Así que, ¿estás alejándote por el techo de un edificio de dos plantas en el reino espiritual pensando que puedes desafiar las leyes del espíritu? No funcionará y te dañarás. Clama ahora por la sabiduría celestial para saber que es real y verdadero. Serás bendecido.

Declara

Amo las leyes de Dios.
Son reveladas a mí diariamente.
A través de Jesús, camino en las leyes de Dios

(PARTE II)
ALEJÁNDONOS POR UN TECHO ESPIRITUAL

Este libro de la ley... de día y de noche meditarás en él. Josué 1:8

La ley de la gravedad puede estar a nuestro favor o en nuestra contra. Bajar por un precipicio causa dolor, pero el agua bajando por una presa genera poder. La misma ley hace que las dos cosas funcionen.

La gravedad puede ayudarnos o hacernos daño.

Las leyes del espíritu también trabajan a nuestro favor o en nuestra contra. La sabiduría las está usando para obtener poderosos resultados. La necedad está pensando que ignorarlas no nos acarreará efectos negativos. Al igual que las leyes naturales de la vida no son parciales, las leyes del Reino espiritual tampoco. Sí, ahora tenemos un pacto de bendición gracias al creer, pero nuestras decisiones siguen siendo importantes: "todo lo que el hombre siembre, eso también segará" (Gálatas 6:7). Oseas dice: "Mi pueblo es destruido por falta de conocimiento" (Oseas 4:6). Realmente hay dolor y dificultades cuando no tenemos la sabiduría de las leyes de Dios guiando nuestras vidas.

Dios no nos ha predestinado para la adversidad, sino que nos ha capacitado para desatar poder a través de leyes espirituales como la unidad, el perdón, darle los primeros frutos a Dios, proclamar vida y caminar en gratitud. "La sabiduría... clama... El que sea simple que entre aquí" (Proverbios 9:1-4). La sabiduría es esto: entender y caminar en las leyes del espíritu.

Declara

Al igual que Salomón en 2 Crónicas 1, yo clamo por el espíritu de sabiduría. Estoy recibiendo revelación en cuanto a las leyes del Espíritu que influenciarán mi vida radicalmente.

Yo desato poder a mí alrededor conforme permito que estas leyes obren para mí.

26 VALORANDO EL GOZO

El corazón alegre es buena medicina.
Proverbios 17:22

Tres veces al día durante diez días y te pondrás mejor. Cuando un médico da esta prescripción, la mayoría de la gente obedece, ¿por qué? Porque simplemente creen que funcionará.

Nuestro gran médico nos ha dado una receta para tener fuerza y salud, y es caminar en gozo. "Dr. Dios" dice: "El corazón alegre es buena medicina" (Proverbios 17:22) y "la alegría del Señor es vuestra fortaleza" (Nehemías 8:10). Ciertamente la Biblia nos enseña que el gozo es esencial para vivir una vida en victoria.

Un aspecto principal del gozo es la risa. Estudios han demostrado sus beneficios, pacientes de cáncer a los que les recetaron ver películas cómicas se han sanado. Las células que destruyen tumores y virus se incrementan cuando nos reímos. Las endorfinas que proporcionan energía se liberan en nuestro cuerpo a través de la risa.

La fuerza de Sansón tenía un secreto (Jueces 13-16) que los filisteos buscaban descubrir. Al igual que Sansón, a nosotros también se nos ha dado un secreto para nuestra fuerza: es el gozo. No nos olvidemos de esto, una persona sabia es la que encuentra maneras de incrementar la receta poderosa del gozo y de la risa.

Declara

Te doy gracias, Padre, porque me estás dando las claves para tener más "buena medicina" en mi vida. A través de tu Espíritu Santo, yo me propongo seguir esta poderosa receta todos los días para caminar en salud y fuerza ante los grandes días de cosecha que están por delante. Amén.

(PARTE I)
¿Y QUÉ PASA CON JOB?

Lo que temo viene sobre mí.
Job 3:25

¿La Jexperiencia de Job (lee Job 1 & 2) nos enseña que Dios mandará muerte, enfermedad, escasez y devastación a nuestras vidas para probar nuestro amor por Él? ¿Lo "permite" y deja que el diablo sea Su instrumento para la prueba? ¿Hay otra respuesta para el sufrimiento de un cristiano? Nuestra respuesta influirá el nivel de victoria que tengamos en la vida.

Esta es mi opinión. Job (3:25) dice: "Pues lo que temo viene sobre mí". Su temor dio acceso legal a Satanás para "robar, matar y destruir". Dios "permitió" este ataque sólo en el sentido de que Él estableció leyes espirituales (como la ley del temor y de la fe) que provocan consecuencias en nuestras vidas. La situación de Job es similar a cuando Jesús le dijo a Pedro: "Satanás os ha reclamado para zarandearos como a trigo..." (Lucas 22:31). El zarandeo de Pedro fue el resultado de una puerta de orgullo que había abierto. No fue un ataque aleatorio, si no la manifestación causada por la violación de una ley espiritual.

Igual tú puedes decir: "no podemos quitarle el misterio a Dios. Sus caminos son mayores que el entendimiento humano". En respuesta a esto, yo pregunto: "¿qué pasa con las promesas de Dios? ¿Existen promesas específicas que realmente podemos creer (más allá de la promesa de vida eterna y de que "todo obra para bien")? ¿Sus promesas son siempre secundarias a Su soberanía? Si lo creemos así, entonces será difícil orar en fe.

Declara

Yo vivo bajo una protección sobrenatural.
Yo estoy cerrando puertas en mi vida al enemigo.
Yo estoy abriendo puertas para que la bendición y el poder de Dios fluyan en mí y a través de mí.

28 ¿Y QUÉ PASA CON JOB?
(PARTE II)
Todo lo que tiene (Job) está en tu poder (Satanás).
Job 1:12

Un punto de vista tradicional en cuanto a Job es que Dios permitió que Satanás destrozara su vida para probar su personalidad y su amor por Dios. Esto puede sonar convincente para algunos, pero esta enseñanza lleva a la desesperanza y a la confusión sobre cuando tenemos que resistir al diablo.

Ya hemos presentado Job 3:25 como la puerta abierta a sus problemas: "Pues lo que temo viene sobre mí". Hay un temor manifestado en Job 1:4-5 donde un Job preocupado y estresado está ofreciendo sacrificios continuamente por sus hijos; temía que algo malo les ocurriera.

Lee el versículo doce del capítulo uno. Observa cuando Dios le dice a Satanás: "He aquí, todo lo que tiene está en tu poder". Esto no fue Dios entregándole a Job a Satanás, sino una declaración de lo que ya era verdad a causa de la puerta abierta en la vida de Job por el temor. Dios no puso a Job en las manos de Satanás, fue el temor quien lo puso en las manos de su enemigo.

¿Difícil de aceptar? Quizás, pero decir que Dios usará al diablo para matar a nuestra familia, destruir nuestra propiedad y afligir nuestro cuerpo es un punto de vista alternativo aún más inverosímil. De nuevo, si aceptamos este segunda opinión, entonces estamos destinados a no poder orar nunca en fe por áreas específicas de nuestra vida ni a confiar realmente en la voluntad de Dios para nosotros.

Declara

Dios es bueno y el diablo es malo.
Cristo vino para destruir las obras del enemigo, no para cumplir la voluntad de Dios asociándose con él.

Nota: Aunque el temor es algo que debe desarraigarse de nuestra vida, le damos gracias a Dios por su misericordia y gracias por protegernos mientras estamos en un viaje de pasar del temor a la fe.

(PARTE III)
¿Y QUÉ PASA CON JOB?
El Señor dio y el Señor quitó
Job 1:21

*¿*Qué debemos suponer a raíz de esta frase de Job? ¿Significa que Dios puede y que a veces "nos quitará" nuestra familia, salud, finanzas y posesiones como parte de Su plan para nuestras vidas?

Sabemos que Dios inspiró toda escritura pero no todos los pasajes o dichos en la Biblia son los pensamientos de Dios. Por ejemplo, el libro de Eclesiastés fue escrito por Salomón cuando estaba apartado. Dios inspiró que este libro estuviese en la Biblia pero no podemos aceptar cada conclusión de Salomón en el libro de Eclesiastés como un pensamiento de Dios; esta escritura es principalmente una ilustración del cinismo y de la ausencia de sentido que resulta de rechazar a Dios.

La actitud de Job de amar y bendecir a Dios durante su tiempo más difícil es un ejemplo poderoso para nosotros. Sin embargo, no debemos permitir que la experiencia y conclusión de Job formen nuestra creencia sobre por qué pasan cosas negativas en la vida. Si aceptamos una teología de que "el Señor da y el Señor quita" en áreas de nuestra salud, protección y con nuestros seres queridos, entonces habrá poca fe al orar, lo que no sería coherente con el mensaje del Nuevo Pacto.

Declara

*Cristo ha venido para darme una vida más abundante.
El enemigo es un ladrón buscando robar, matar y destruir (Juan 10:10) Yo le resisto en el nombre de Jesús.*

30 JUZGANDO LA FE DE LOS DEMÁS
La fe que obra por amor.
Gálatas 5:6

Es de sabios ser muy prudentes al analizar la fe de los demás. Aquí hay tres razones:

No sabemos lo lejos que han llegado. Todos empezamos desde diferentes puntos. Algunos han heredado un lugar de gran bendición por la fe de otros, otros han empezado "de cero" en su caminar con Dios. A ojos de Dios, alguien podría tener una "gran fe" pero aparentar ser más débil que otro: "Pues el hombre mira la apariencia exterior, pero el Señor mira el corazón" (1 Samuel 16:7).

La fe conjunta es más importante que la fe personal. Sí, cada individuo debe tomar una responsabilidad personal por su vida, pero la iglesia local y regional debe preocuparse fundamentalmente por poseer fe "para la edificación del cuerpo de Cristo" (Efesios 4:12), que aumentará la bendición y protección en su área de influencia.

La crítica y la condenación disminuirán la fe tanto a nivel personal como conjunto. Gálatas 5:6 nos llama a tener "fe que obra por el amor". Debemos buscar formas de amar y animar a otros allí donde están en vez de criticar lo que a nosotros nos parece falta de fe. Mucha gente se ha autoproclamado "policía de fe" e involuntariamente han causado daño a otros; no vamos a ser uno de ellos.

Declara

El espíritu de crítica está lejos de mí.
Yo soy alguien que alienta la fe de otros.
Tengo gran sabiduría para saber qué decir y qué no decir a aquellos que están batallando con su fe.

LA FE Y LA MDICINA

El SEÑOR lo sostendrá en su lecho de enfermo.
Salmos 41:3

*T*enemos un gran pacto con Dios (Hebreos 8:6). Este acuerdo con Él incluye una increíble provisión y la promesa de salud abundante. La vitalidad física es una gran parte de nuestro paquete de beneficios (Salmo 103:2-3). Nuestra fe necesita presionar y tomar posesión de lo que Cristo ya pagó con sus llagas (Isaías 53:3-4).

Con esto en mente, ¿una persona de fe debe tomar medicamentos? ¿Se puede consultar al médico? ¿Podemos confiar en Dios para que obre a través de la profesión médica o esto evidencia falta de fe y pone nuestra fe en el hombre?

Hay dos extremos que debemos evitar en este tema, el primero es la confianza en el hombre en vez de en Dios. Asa hizo esto y fue condenado (ver 2 Crónicas 16:12). El otro extremo es ignorar que la medicina ("usa un poco de vino por causa de tu estómago" - 1 Timoteo 5:23) y los médicos (por ejemplo, Lucas) están presentes en las Escrituras.

Así que, ¿qué debemos hacer? Como cristiano victorioso, debemos buscar el fortalecimiento diario de nuestra fe. Como Abraham, creemos que el mes que viene y el año que viene podremos recibir más de las promesas de Dios en nuestras vidas. Mientras tanto, puede ser sabio (como parte de nuestro plan de ejercitar nuestra fe) tomar medicamentos y beneficiarnos del conocimiento médico. Nos ayudará a tratar con los síntomas de nuestro cuerpo físico conforme perseguimos el estar "plenamente convencidos" (Romanos 4:21) sobre nuestra provisión abundante de salud para nuestras vidas.

Declara

Yo tengo sabiduría en cuanto al uso de los medicamentos y los médicos.
Yo entiendo que Dios hace milagros de sanidad y también
sana a través de médicos

32 ¿LUCHANDO PARA QUÉ?

I will not let you go.
Genesis 32:26

Jacob luchó con el ángel e hizo una declaración tenaz: "No te soltaré hasta que me bendigas". Este atrevimiento consiguió la atención de Dios.

¿Cómo escogería Dios bendecir a esta persona que no aceptaría un "no" por respuesta? ¿Dinero? ¿Longevidad? ¿Un camello nuevo? No, su bendición fue una revelación de su verdadero nombre, su verdadera identidad. Su nombre ya no sería Jacob, sino que sería Israel (Príncipe con Dios). Su bendición fue esta: recibiría un nuevo significado de quién era realmente, el cual produciría un cambio en sus pensamientos y palabras sobre sí mismo. A cambio, se produciría un giro de 180 grados en sus acciones y en su destino.

¡Las implicaciones son revolucionarias! Una de las mayores cosas que podemos recibir de Dios es una revelación de quiénes somos realmente. Una vez que nos llamemos a nosotros mismos como Dios nos llama, aceleraremos por la carretera de la transformación.

Debemos ir más allá de querer simplemente que Dios arregle nuestros problemas o de tener su bendición y unción. Debemos agarrarlo en nuestro espíritu y decir: "no te soltaré hasta que me bendigas con un verdadero entendimiento de quién soy realmente en Ti". Una vez que esto ocurra, todo cambiará.

Declara

Yo soy un buscador de Dios. Voy más allá de querer simplemente que cambie una situación. Yo Le busco tenazmente y recibo la bendición de "transformar mi mente" acerca de mi identidad en Él.

Deja de pensar en el cristianismo como una represión del deseo. No nos reprimimos, buscamos una nueva identidad en fe.

NO RETIRES TU FE

...lo que diga será hecho (RV95).
Marcos 11:23

33

Aquí hay una verdad poderosa para el cristiano victorioso: lo que creemos después de orar es igual de importante que lo que creemos mientras oramos. Este principio también es verdad en el ministerio (lo que creemos después de ministrar es igual de importante que lo que creemos cuando ministramos).

Es importante no retirar la fe después de orar o ministrar. El diablo quiere que maldigamos la buena semilla que ha sido sembrada al tentarnos con hablar incrédulamente en cuanto a lo que se ha hecho. Por supuesto que podemos encontrar áreas que mejorar, pero debemos evitar las conclusiones negativas que puedan anular el bien que ha ocurrido.

Jesús maldijo la higuera en Marcos 11. A la mañana siguiente, "vieron que se había secado de raíz". Esto nos dice dos cosas: primero, nuestra influencia con la oración y el ministerio empieza en lo invisible (en las raíces), así, los resultados exteriores (ya sean circunstancias o sentimientos) no deben servir para medir el éxito o el fracaso. Lo segundo es que las palabras de Jesús maldijeron la higuera; debemos entender que nuestras palabras son poderosas y que pueden bendecir o maldecir semillas espirituales y "árboles" a nuestro alrededor.

Entonces, ¿qué decimos después de orar o ministrar? El cristiano sabio dice: "me niego a retirar mi fe, Dios hizo grandes cosas, Su palabra no volverá vacía" (Isaías 55:11).

Declara

Yo le doy gracias inmediatamente a Dios después de orar o ministrar.

Sólo hablo y declaro palabras llenas de fe sobre mis oraciones pasadas o ministerio anterior.

Yo mantengo y declaro mi fe, viendo así una gran cosecha.

34 ¿YA HEMOS LLEGADO?

Prosigo hacia la meta.
Filipenses 3:14

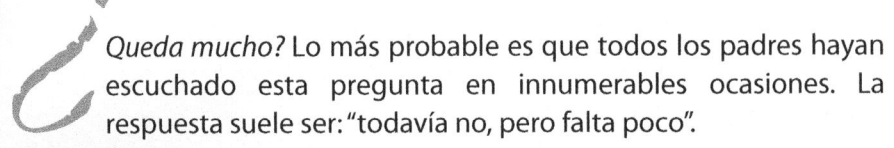

¿Queda mucho? Lo más probable es que todos los padres hayan escuchado esta pregunta en innumerables ocasiones. La respuesta suele ser: "todavía no, pero falta poco".

Sabemos que legalmente estamos "allí" al poseer todas las promesas de Dios, pero también sabemos que no estamos experimentalmente "allí" en muchas áreas que son legalmente nuestras; esto es una distinción importante que debemos comprender.

La persona que está madurando en fe puede admitir: "todavía no estoy allí, todavía estoy experimentando cosas como escasez, enfermedad, confusión, fracaso, hijos no salvos, problemas matrimoniales y otras maldiciones porque mi vida y mi fe no se están desarrollando en el lugar donde lo harán". Cualquier actitud así crea desesperanza porque creemos que somos víctimas y que no tenemos poder en cuanto a nuestro futuro.

Así que vamos a seguir yendo hacia adelante en nuestra fe. Puede que nosotros, en particular, no lleguemos a experimentar las promesas de Dios completamente antes de llegar "allí", pero debemos avanzar lo más lejos que podamos para que nuestros descendientes (tanto espirituales como físicos) puedan empezar en un lugar mejor que en el que empezamos nosotros.

Declara

Yo experimentaré cada vez más lo que es legalmente mío.
La escasez disminuye conforme mi fe aumenta, y mi fe crece diariamente.

Como los hombres de fe de antaño, no veremos todas las promesas manifestarse en nuestra vida, pero marcaremos la diferencia para aquellos que vienen detrás de nosotros.

ENCENDIENO LA *Fe* EN 40 DÍAS

ESCAPÁNDONOS EN DIOS
En tu presencia hay plenitud de gozo.
Salmo 16:11

Nuestro Dios es un refugio. ¡Que increíble es entrar con regularidad al lugar secreto de Su presencia! Somos transformados al pasar tiempo con Él a través de la alabanza, oración, ministerio ungido y/o a través de buscarle con los demás.

Romanos 15:13 dice: "Y el Dios de la esperanza os llene de todo gozo y paz en el creer" (LBLA). Aunque podemos ser tocados fuertemente en una reunión, tenemos que preocuparnos más por esta pregunta: ¿qué pasa dentro de nosotros cuando la reunión se acaba o la música cesa?

Necesitamos escaparnos en Dios y no sólo escaparnos de nosotros. Es posible usar las cosas de Dios como una distracción para nuestra propia necesidad de sanidad personal. Puede que esperemos que el Espíritu haga algo, pero sin cambiar lo que pensamos, sólo será a corto plazo. Nuestro comportamiento no puede cambiar sin que cambie nuestra manera de pensar.

¿Cuál es la solución? ¿Dejamos de pasar tiempo en Su presencia? Claro que no, pero debemos anhelar una esperanza creciente en nuestras vidas como fruto de nuestros tiempos con Él. El Espíritu de Dios ablandará nuestra tierra espiritual para que las raíces de la desesperanza y de la indignidad puedan arrancarse. Entonces nos escaparemos en Dios.

Declara

Amo la presencia de Dios.
Él es mi refugio y fortaleza.
El gozo y la esperanza personal son frutos poderosos que provienen de mis tiempos en el "lugar secreto" con Dios.

36 VOLVIÉNDONOS PLENAMENTE CONVENCIDOS

Y estando plenamente convencido... Romanos 4:21

Abraham es el ejemplo bíblico de cómo caminar por fe. Aunque vivió bajo el viejo pacto, tuvo una revelación del nuevo pacto en cuanto a recibir de Dios. El cristiano victorioso debe saber lo que Abraham sabía.

La Biblia hace referencia a diferentes niveles de fe. Cristo habló de no tener fe, tener poca fe, mucha y tener una gran fe. Romanos capítulo 4 dice que Abraham fue "fortalecido en fe" (v. 20) y "se volvió plenamente convencido de que Dios tenía poder para cumplir lo que había prometido" (v. 21).

Al igual que un levantador de pesas fortalece sus músculos al hacer presión contra la resistencia, el cristiano puede fortalecer su fe declarando la palabra de Dios y resistiendo las circunstancias que parecen negativas. Todos podemos pasar de la falta de fe a una gran fe y estar plenamente convencidos de las promesas de Dios.

Estar "plenamente convencido" es nuestra meta. Es importante saber adónde vamos. Al igual que Abraham, debemos abrazar el proceso que nos lleva a esta garantía completa; las promesas de Dios no se poseen automáticamente sólo por ser cristianos, se reciben mediante una fe "convencida".

Declara

Al igual que Abraham, yo estoy yendo hacia adelante en mi fe.
Soy fortalecido hoy al declarar verdad incluso ante situaciones que parecen muertas.
Me estoy volviendo plenamente convencido.

LA CAUSA DE LOS DESASTRES 37

Sanaré su tierra.
2 Crónicas 7:14

Huracanes, inundaciones, terremotos, sequías, tornados, tsunamis y otros desastres ocurren alrededor del mundo. ¿Son sucesos fortuitos que tienen lugar en cualquier lugar y momento? ¿O es el juicio de Dios? ¿Podemos hacer algo para prevenirlos?

Un desastre es un suceso que causa pérdidas serias, destrucción, dificultad, tristeza o muerte. No existieron en el planeta hasta la rebelión de Adán, la cual puso en movimiento la ira de la tierra a través de los desastres naturales. No hay desastres en el cielo ahora mismo, son una maldición y no una bendición.

Las Escrituras nos enseñan que las calamidades tienen "raíces" espirituales. En 2 Samuel 21, Israel estaba experimentando una sequía prolongada, el rey David buscó a Dios y descubrió que la razón era el maltrato hacia un cierto grupo étnico. Corrigió el problema y la sequía cesó. Este pasaje y muchos otros muestran claramente que la bendición y la protección están muy influenciadas por pecado, justicia, fe y temor.

Entonces, ¿los desastres son el juicio de un dios enfadado? ¿Se ha "hartado" y castiga al pueblo? No. A través de este pensamiento viene una mejor compresión: no hay protección por la continua violación de las leyes espirituales. Dios no escogió juicio, sino que nosotros hemos elegido vivir lejos de donde están Él y su protección. Recuerda: las leyes espirituales de Dios funcionarán a nuestro favor o en contra nuestra.

El corazón de Dios no es un juicio (ver Jonás), pero Él ha permitido que tomemos nuestras propias decisiones que propiciarán la presencia o la ausencia de desastres "naturales".

Declara

Gracias Dios que nos estamos humillando, plantándonos en la justicia que Tú nos has dado y orando.

Gracias porque Tú has perdonado nuestro pecado y estás sanando nuestra tierra.

38 ECONOMÍA, CLIMA & SALUD
Si mi pueblo...
2 Crónicas 7:14

¿Pueden ueden los creyentes influenciar positivamente los patrones del clima, la economía y la salud física de una nación? Un versículo conocido nos da una pista: "si mi pueblo, que lleva mi nombre, se humilla y ora, y me busca y abandona su mala conducta, yo lo escucharé desde el cielo, perdonaré su pecado y restauraré su tierra" (2 Crónicas 7:14).

¿En qué consiste esta sanidad? Si miramos el versículo trece del mismo capítulo, vemos tres áreas de la vida que necesitan ser "restauradas". Dios dice: "Cuando yo cierro los cielos para que no llueva (problemas climáticos), o le ordene a la langosta que devore la tierra (dificultades económicas) o envíe pestes (plagas o problemas de salud)..." Después de nombrar estos tres problemas dice: "Si mi pueblo..."

Estas circunstancias negativas son "enviadas por Dios" sólo en el sentido de que Él ha puesto leyes espirituales que, si son honradas, traerán bendición (y si son ignoradas, acarrearán dificultades). No "decide" que pasen estas cosas pero la gente sí lo hace al ignorar Sus principios. Lo increíble que debemos entender es que el pueblo de Dios tiene la habilidad de impactar tres áreas vitales de la vida: el clima, la economía y la salud. Sí, nuestra creencia en la muerte y resurrección de Cristo es la clave para la transformación espiritual, pero vamos también a persistir en las profundidades de 2 Crónicas 7:14 y a ayudar a establecer la protección de Dios en cada área donde tenemos influencia.

Declara

Yo me estoy humillando, orando, buscando el rostro de Dios y abrazando la manera de obrar de Dios.
Yo estoy impactando poderosamente mi futuro y el futuro de mi nación.

(PARTE I)
ATRAYENDO FAVOR O RECHAZO

Pues como piensa dentro de sí, así es.
Proverbios 23:7

¿Lo que pensamos determina cómo nos tratan los demás? ¿La contienda y el rechazo son simplemente mala suerte mientras que el favor y la aceptación son buena suerte? La Biblia indica que hay leyes espirituales que influencian estos asuntos. Como hemos dicho, la sabiduría nos enseña a hacer que estas leyes funcionen para nosotros y para el Reino de Dios.

Lucas 6:37-38 nos habla de la ley de la reciprocidad: "No juzguéis, y no seréis juzgados; no condenéis, y no seréis condenados; perdonad, y seréis perdonados. Dad, y os será dado (...) Porque con la medida con que midáis, se os volverá a medir". Nuestra actitud interior y nuestras acciones exteriores producen una "ofrenda" que regresa a nosotros (en proporción a la medida que hemos dado).

Amamos a otros en la medida que nos amamos a nosotros mismos, así nuestras actitudes hacia nosotros se vuelven la base para las actitudes que tenemos hacia los demás. Esto, en efecto, desata una cosecha (una experiencia) de acuerdo con la medida que dimos.

¿Complicado? No. Como un hombre "piensa dentro de sí, así es" (Proverbios 23:7). Si un hombre piensa que es rechazado, es rechazado. Si un hombre piensa que tiene favor, es favorecido. La clave es pensar acerca de nosotros mismos lo mismo que piensa Dios.

Declara

Dios es bueno conmigo.
Yo anhelo y recibo Su bondad.
Yo doy bondad a otros en actitudes y acciones.
Por lo tanto, recibo cada vez más bondad y favor en mis relaciones.

40 (PARTE II) ATRAYENDO FAVOR O RECHAZO

Como piensa dentro de sí, así es.
Proverbios 23:7

Lo que pensamos determina cómo nos tratan los demás. En efecto, la contienda y el rechazo no son simplemente mala suerte ni el favor ni la aceptación son el resultado de la buena suerte.

El apóstol Pablo reprendió a los gálatas al corregir una gran herejía doctrinal que les estaba impidiendo recibir gracia. Habían pasado de un cristianismo basado en la fe a una religión basada en las obras. Un resultado de poner énfasis en la ley fue el destruirse y devorarse los unos a los otros (Gálatas 5:15). Sus malas creencias sobre quienes eran en Dios atrajo, en realidad, rechazo y contienda; fueron cortados de la gracia (5:4), lo cual bloqueó el favor en las relaciones.

Aquellos que tienen una "doctrina de obras" se ven como rechazados por Dios, lo que crea un ambiente de actuación donde el rechazo y la contienda florecen. Si no creemos que tenemos favor con Dios, ¿cómo podemos creer que tendremos favor con los demás? Se desarrollará subconsciente el hábito de pensar que el maltrato es merecido, resultando en contienda y rechazo (destruir y devorar).

Por el contrario, aquellos que creen que son radicalmente favorecidos (a través de Cristo) tendrán una esperanza positiva de ver Su bondad en todas las áreas de la vida, incluyendo las relaciones. Esta creencia impactará profundamente el aumento de un futuro "favor con Dios y hombre" (ver Lucas 2:52).

Declara

Dios provee Su Espíritu y obra milagros en medio de nosotros mediante la fe y no por las obras de la ley (Gálatas 3:5).
Yo creo en la declaración del favor de Dios sobre mi vida.

lista de declaraciones... uno

Una nota sobre estas declaraciones: no tendremos algo simplemente porque lo digamos, pero decirlo es necesario para tenerlo. Si al comenzar los 40 días, no entiendes del todo porque son importantes estas tres listas de declaraciones, decláralas por fe. Algunos de los primeros devocionales arrojarán claridad sobre su importancia.

Las siguientes diez declaraciones básicas son los cimientos para la construcción de tu fe. Aumentarán tu esperanza de ver la bondad de Dios y, por lo tanto, aumentará la manifestación de Su bondad en tu vida. Declara estas (y el resto de listas de declaraciones) cada día durante un mes y observa lo que sucede en tu vida. Romanos 4:17; Romanos 10:9-10

1. Mis oraciones son poderosas y efectivas.
   2 Corintios 5:21; Santiago 5:16b

2. Dios suple mis necesidades abundantemente. **Filipeneses 4:19**

3. Estoy muerto al percado y tengo un And victorioso dentro de mi.
   Romanos 6:11; Romanos 5:17

4. Yo camino en una salud que aumenta.
   Isaías 53:3-5; Salmo 103:1-5

5. Yo vivo bajo na protección sobrenatural.
   Salmo 91; Hebreos 8:6

6. Yo prospero en todas mis relaciones. **Lucas 2:52**

7. Constantemente llevo a otras personas a encuentros con Dios.
   Marcos 16:17,18; Hechos 3:6

8. En Cristo, soy 100% amado y digno de experimentar todas las bendicione de Dios. **Colosenses 1:12-15**

9. Cada uno de los miembros de mi familia es bendecido y ama radicalmente a Cristo. **Hechos 16:30, 31**

10. Yo me rio a carcajadas cuando oigo una mentira del diablo.
    Salmo 2:2-4

lista de declaraciones... dos

Recuerda esto: "Ahora bien, la fe es la certeza de lo que se espera, la convicción de lo que no se ve" (Hebreos 11:1). Las promesas de Dios, en vez de nuestras circunstancias, son la prueba de lo que realmente es verdad. No negamos sucesos negativos en nuestra vida, pero escogemos concentrarnos en la realidad superior de la verdad de Dios. La fe, sí viene por el oír (Romanos 10:17), por lo tanto, elegimos proclamar estas verdades poderosas para construir nuestra propia fe (creyéndonos Romanos 12:2: que nuestra realidad se pondrá al nivel de nuestras creencias).

1. Yo marco la trayectoria de mi vida con mis palabras. **Santiago 3:2-5; Proverbios 18:21**

2. Dios está de mi parte, por lo tanto, declaro que no puedo ser derrotado.   **Romanos 8:37; Salmo 91; Filipenses 4:13**

3. Yo soy la cabeza, no el rabo. Tengo percepción, tengo sabiduría, tengo ideas y estrategias divinas. Tengo autoridad. **Deuteronomy 8:18; 28:13; James 1:5-8; Luke 10:19**

4. Mi familia y aquellos conectados con nosotros están protegidos de desastres, enfermedad, divorcio, adulterio, pobreza, falsas acusaciones, decisiones necias y todo accidente   **Salmo 91**

5. Como Abraham, yo declaro las promesas de Dios sobre mi vida para que mi fe sea fortalecida y así poseer todas las promesas de Dios.   **Romanos 4:17-23**

6. Yo tengo dominio propio. Tengo los pensamientos correctos, digo las palabras correctas y tomo las decisiones correctas en cada situación en la que me encuentro.   **2 Timoteo 1:7**

7. Yo espero tener citas divinas y poderosas para sanar a los enfermos, levantar a los muertos, profetizar vida y llevar a gente a Cristo, traer liberación, desatar milagros y prodigios y bendecir a donde quiera que vaya.   **El libro de Hechos**

8. Yo espero que hoy va a ser el mejor día de mi vida espiritualmente, emocionalmente, en mis relaciones y económicamente en el nombre de Jesús.   **Romanos 15:13**

lista de declaraciones... tres

Uno de los *métodos* principales que Jesús y los apóstoles usaron (en los evangelios y en Hechos) fue el de HABLAR A algo. Verás que no le pidieron a Dios sanar a la gente, expulsar demonios o levantar muertos; *pero hablaron a los cuerpos, demonios, viento, etc.* Y Jesús, en Marcos 11:23, también nos anima a hablar a las montañas que están en nuestras vidas.

Esta lista de declaraciones se enfoca específicamente en hablarle a varios aspectos de nuestra vida.

1. Mis ángeles están llevando a cabo la Palabra de Dios en mi nombre.
   Salmo 103:2

2. Todos los ataques que estaban dirigidos hacia mí son desviados ahora mismo a través de protección angelical en el nombre de Jesús
   Salmo 91

3. Al igual que Jesús habló al viento, yo digo: "¡Cálmate, sosiégate! Mente, emociones, cuerpo y familia".
   Marcos 4:39

4. Yo hablo a cada montaña de desánimo, estrés, depresión e insuficiencia y digo: "Quítate y arrójate al mar en el nombre de Jesús."
   Marcos 11:22-24

5. Yo le digo a este día: "¡Eres bendecido!" Y declaro que sirvo a un Dios poderoso que hoy hará abundantemente mucho más de lo que puedo pedir o imaginar. Yo declaro que tú eres un buen Dios y anticipo con entusiasmo tu bondad hoy.
   Efesios 3:20

plan de lectura bíblica sugerida

Día 1: Hebreos 4	**Día 21:** Marcos 9
Día 2: Romanos 4	**Día 22:** Marcos 10
Día 3: Gálatas 1	**Día 23:** Marcos 11
Día 4: Gálatas 2	**Día 24:** Proverbios 1
Día 5: Gálatas 3	**Día 25:** Proverbios 3
Día 6: Gálatas 4	**Día 26:** Proverbios 4
Día 7: Gálatas 5	**Día 27:** Proverbios 8
Día 8: Gálatas 6	**Día 28:** Proverbios 10
Día 9: Filipenses 1	**Día 29:** Proverbios 14
Día 10: Filipenses 2	**Día 30:** Proverbios 15
Día 11: Filipenses 3	**Día 31:** Proverbios 18
Día 12: Filipenses 4	**Día 32:** Romanos 4
Día 13: Marcos 1	**Día 33:** Gálatas 3
Día 14: Marcos 2	**Día 34:** Gálatas 4
Día 15: Marcos 3	**Día 35:** Gálatas 5
Día 16: Marcos 4	**Día 36:** Gálatas 6
Día 17: Marcos 5	**Día 37:** Filipenses 1
Día 18: Marcos 6	**Día 38:** Filipenses 2
Día 19: Marcos 7	**Día 39:** Filipenses 3
Día 20: Marcos	**Día 40:** Filipenses 4

Se recomienda la lectura de algunos capítulos más de una vez.

sobre los autores

Los Backlunds fueron pastores durante 17 años antes de unirse al equipo de la iglesia de Bethel (Redding, California) en 2008. Diez de esos años los pasaron en el desierto de Nevada Central donde dirigieron a su iglesia en una renovación y un crecimiento significativo.

En 2001, Bill Johnson y Kris Vallotton llamaron a Steve y Wendy para ser pastores de la iglesia Mountain Chapel en Weaverville, California (la iglesia que Bill pastoreó durante diecisiete años). Como resultado de esta experiencia, Steve y Wendy desarrollaron un corazón dedicado a pastores y líderes de iglesias, lo cual les condujo a su posición actual en Bethel, concentrándose en el desarrollo de líderes en Bethel School of Supernatural Ministry (Escuela de Ministerio Sobrenatural) así como a nivel mundial, a través de un programa en línea.

Su página web, www.ignitinghope.com y su ministerio a través de Bethel Church (www.igloballegacy.org), están dedicados a desarrollar la salud y la fuerza de líderes en todo el mundo.

recursos adicionales

Victorious Mindsets

What we believe is ultimately more important than what we do. The course of our lives is set by our deepest core beliefs. Our mindsets are either a stronghold for God's purposes or a playhouse for the enemy. In this book, fifty biblical attitudes are revealed that are foundational for those who desire to walk in freedom and power.

Cracks in the Foundation

Going to a higher level in establishing key beliefs will affect ones intimacy with God and fruitfulness for the days ahead. This book challenges many basic assumptions of familiar Bible verses and common Christian phrases that block numerous benefits of our salvation. The truths shared in this book will help fill and repair "cracks" in our thinking which rob us of our God-given potential.

You're Crazy If You Don't Talk to Yourself

Jesus did not just think His way out of the wilderness and neither can we. He spoke truth to invisible beings and mindsets that sought to restrict and defeat Him. This book reveals that life and death are truly in the power of the tongue, and emphasize the necessity of speaking truth to our souls. Our words really do set the course of our lives and the lives of others. (Proverbs 18:21; James 3:2-5)

Let's Just Laugh at That

Our hope level is an indicator of whether we are believing truth or lies. Truth creates hope and freedom, but believing lies brings hopelessness and restriction. We can have great theology but still be powerless because of deception about the key issues of life. Many of these self-defeating mindsets exist in our subconscious and have never been identified. This book exposes numerous falsehoods and reveals truth that makes us free. Get ready for a joy-infused adventure into hope-filled living.

recursos adicionales

Divine Strategies for Increase

The laws of the spirit are more real than the natural laws. God's laws are primarily principles to release blessing, not rules to be obeyed to gain right standing with God. The Psalmist talks of one whose greatest delight is in the law of the Lord. This delight allows one to discover new aspects of the nature of God (hidden in each law) to behold and worship. The end result of this delighting is a transformed life that prospers in every endeavor. His experience can be our experience, and this book unlocks the blessings hidden in the spiritual realm.

Possessing Joy

In His presence is fullness of joy (Psalm 16:11). Joy is to increase as we go deeper in our relationship with God. Religious tradition has devalued the role that gladness and laughter have for personal victory and kingdom advancement. His presence may not always produce joy; but if we never or rarely have fullness of joy, we must reevaluate our concept of God. This book takes one on a journey toward the headwaters of the full joy that Jesus often spoke of. Get ready for joy to increase and strength and longevity to ignite.

Higher Perspectives

The Bible introduces us to people who saw life's circumstances from a heavenly perspective. They were not "realistic," but supernatural in their viewpoint. As a result, they became history makers. Their experience is an invitation for us to live and see as they did. This book reveals fifty scriptural higher perspectives that will jolt you out of low-level thinking and increase your capacity to experience all of the promises of God in your life.

Audio message series are available through the Igniting Hope store at: www.ignitedhope.com.

Made in the USA
Las Vegas, NV
12 October 2023

78992200R00037